大《おお》男《おとこ》にプロポーズされた日《ひ》

ヴァーツラフ・ベドジフ、ボフミル・シシュカ え
ヴァーツラフ・ベドジフ、ヴァーツラフ・チュトブルテク ぶん
かい みのり やく

森《もり》の精《せい》アマールカが　おどりをおどって
遊《あそ》んでいたときのこと。　木《き》のみきに　つまずいて
おきにいりのくつの　かかとが　おれてしまいました。
「たいへん、おきにいりのくつなのに」
アマールカは　森《もり》のこみち一丁目《いっちょうめ》にある、
キツツキかぞくの　くつ屋《や》をたずねることにしました。

トン　トン　トン！

「いらっしゃい　どうしたんだい？」

「くつのかかとを　なおしてほしいの」

「ちょっとまってな。おやすいごようだ」

アマールカが　木《こ》かげに　こしかけて

くつの　しゅうりを　まっていると

グウォ〜　ゴゴゴゴッ

すさまじいおとが　ひびいてきました。

「きゃっ　かみなりがおちたわ！」

「キョキョ　かみなりにしては　光《ひか》らなかったよ。

さぁ、ほい　できたぞ！」

「キツツキさん　どうもありがとう」

アマールカは　ふたたび　ひらひら

おどりながら　森《もり》を　さんぽします。

ルル　ララ　ルラル

グウォ～　ゴゴゴゴッ

またあの音《おと》です。

アマールカが、おそるおそる　ちかづいてみると…。

「まぁ、なんて　大《おお》きいの！」
大《おお》きな音《おと》の　しょうたいは　大《おお》男《おとこ》のいびきでした。

好奇心《こうきしん》いっぱいの　アマールカは、

ねむっている　大男《おおおとこ》に　よじのぼり

山《やま》のぼりきぶんで　キョロキョロ。

あたりのけしきを　みまわしていると、

大男《おおおとこ》が　めをさましました。

「たいへん、にげなくっちゃ！」

アマールカは、かけだします。

しかし、アマールカが

まえに　にげても　うしろに　にげても

大《おお》男《おとこ》の手《て》が　せまってきます。ついには　ひょいっと

つまみあげられてしまいました。

「おいらの　名前《なまえ》は　のっしのし。なんてかわいいんだ！

きめた、おまえさんを　およめさんにするぞ」

アマールカは　とつぜんのプロポーズに　青《あお》くなりました。

大男《おおおとこ》と　けっこんするきもちには　なれません。

『どうしたらいいのかしら…』

アマールカは　ちえをしぼります。

「そうね…けっこんするなら、わたしと
おなじことができるひとがいいわ」
そういって、アマールカは　白《しろ》い　ドレスの　すそを
すいっと　両手《りょうて》ですくいあげ　ダンスを　おどります。

ふわり　たらり　ルル　ララ　ルラル

たらり　ふわり　ルル　ララ　ルラル

「さぁ、あなたのばんよ」

「よーし、おいらの　かれいな　ダンスを
きみに　ささげるよ」

どてん　ばたん　ドタバタ
ばたん　どてん　バタドタ
つるり　ドッターン！

大《おお》男《おとこ》は　いきおいよく
しりもちをついてしまいました。

「けっこんは　むりね」

ころんでしまった　大男《おおおとこ》に　ぷいっと　背《せ》をむけ、

アマールカは　そのばを　たちさろうとしましたが

大男《おおおとこ》は　あきらめません。

「ちからづくでも　およめさんにしてやるぞ！」

そういって　アマールカを　ひきよせようとしたところ…

「ちょっと　まちな」

くつ屋《や》の　キツツキが　やってきました。

キョキョ　キョキョ　キョキョキョ

大男《おおおとこ》の　大《おお》きな鼻《はな》を　つっつきます。

「やや、なにをするんだ！」

「すんぽうを　はかっているのさ。きみが　じょうずに

おどれるくつを　つくってあげようとおもってね」

「それは　たすかる。おいらは　じょうずに
おどれるようになって　アマールカと　けっこんするんだ！」
「まかせておいで！　すぐに　りっぱなくつを
しあげてやるからさ」
キョキョ　キョキョ　キツツキかぞくは
ぜんいんで　しごとに　かかります。

「さぁ、ほい　できたぞ！」

大男《おおおとこ》は　さっそく　あしをさしいれ
とくいげに　おどろうとしますが　くつは
びくともうごきません。そう、キツツキのつくった
大男《おおおとこ》のくつは　きりかぶでできていたのです。

「お、おかしいぞ。えいや　こらさ」

ドシーン！

大男《おおおとこ》は　また　しりもちをついてしまいました。

「なんてこった、おいら　二度《にど》も

はずかしいすがたを　みせてしまったなぁ。

もう、あきらめるよ…」

キツツキのおかげで　大男《おおおとこ》のプロポーズから

のがれることができた　アマールカは

「うふふ　いいのよ、気《き》にしないで！」

にっこりわらって　おどりながら

森《もり》へ　きえてゆきました。